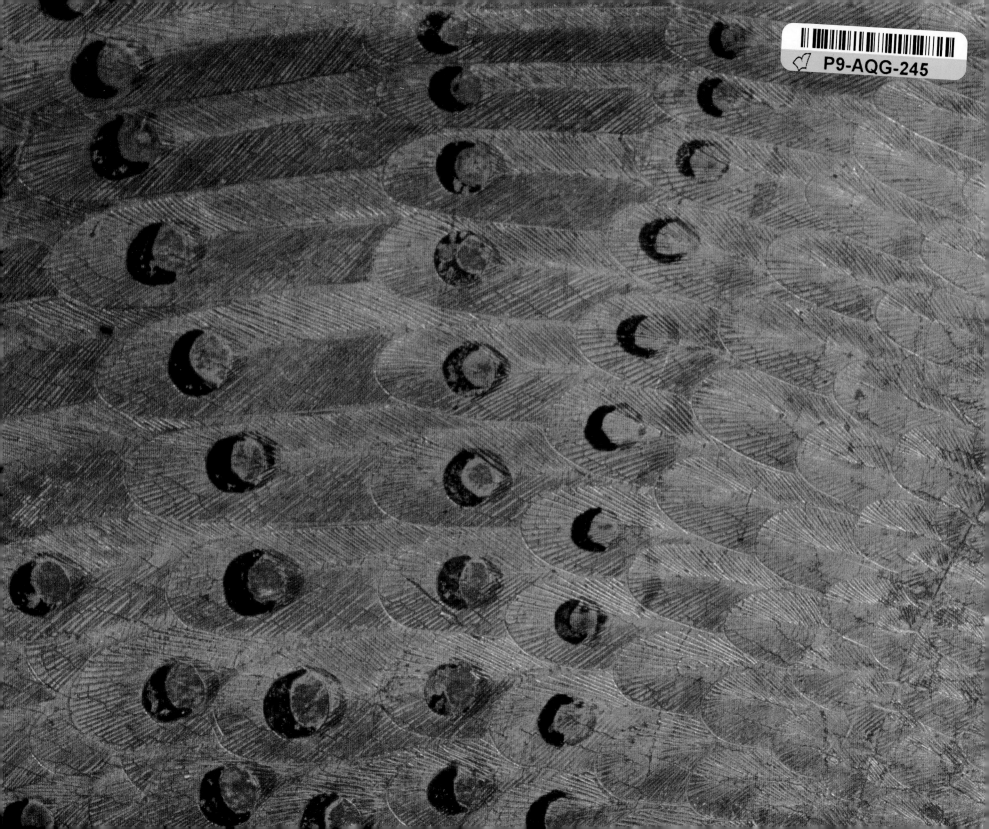

Car un enfant nous est né, un fils nous est donné.
Le monde sera sur ses épaules, et son nom sera Merveilleux, Conseiller,
Dieu de puissance, Éternel, Prince de la Paix.

LE PREMIER NOËL

Les textes sont adaptés de la Bible
(extraits du livre du prophète Isaïe et des évangiles de saint Matthieu et de saint Luc).

LE PREMIER NOËL

CENTURION

avec les Publications de la National Gallery, Londres

C'était il y a bientôt deux mille ans.

L'ange Gabriel fut envoyé par Dieu à Nazareth,

une ville de Galilée, chez une jeune fille appelée Marie.

Elle était fiancée à Joseph, un descendant du roi David.

L'ange lui dit : " Réjouis-toi, la préférée de Dieu.

Tu es bénie entre toutes les femmes."

Marie, bouleversée par ces paroles, se demanda

ce que tout cela voulait dire.

L'ange poursuivit : "N'aie pas peur, Marie,

car tu as été choisie par Dieu.

Tu mettras au monde un fils que tu nommeras Jésus.

On l'appellera Fils du Dieu Très-Haut.

Il sera roi et son règne n'aura pas de fin."

Marie répondit : "Je suis la servante du Seigneur.

Que tout se passe comme tu l'as dit."

Et l'ange la quitta.

En ces temps-là, l'empereur César Auguste
ordonna de compter tous les habitants de son empire.
Chacun devait se rendre dans sa ville d'origine.
Joseph et Marie, qui était enceinte,
quittèrent Nazareth pour aller s'inscrire à Bethléem,
dans la région de Judée.

C'est là que Marie mit son fils au monde. Elle l'enveloppa dans des langes et le coucha dans la mangeoire d'une étable, car il n'y avait plus de place dans l'auberge.

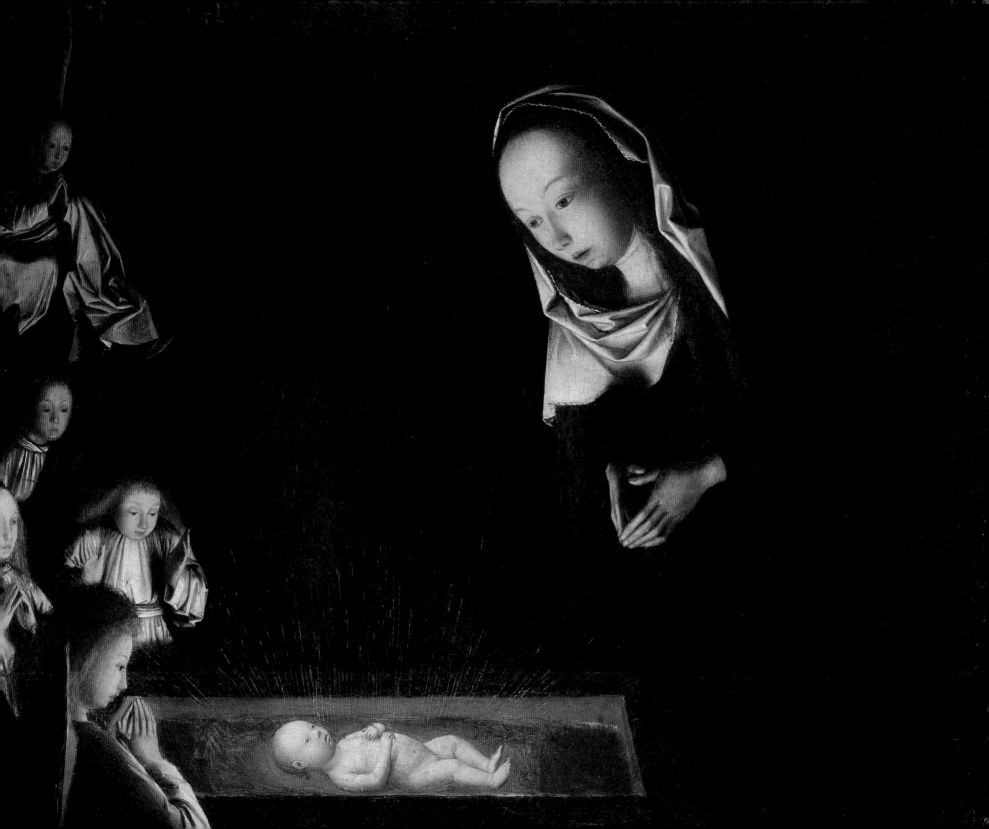

Non loin de là, des bergers gardaient leur troupeau.

En pleine nuit, l'ange de Dieu s'approcha d'eux et leur dit :

" N'ayez crainte, je viens vous annoncer une grande

nouvelle. Aujourd'hui un Sauveur vous est né.

Vous le trouverez couché dans une mangeoire."

Et soudain des voix venant du ciel proclamèrent :

" Gloire à Dieu et paix sur la terre aux hommes qu'il aime."

De nouveau seuls, les bergers décidèrent de se rendre à Bethléem pour voir ce que Dieu leur avait révélé. Ils se dépêchèrent et découvrirent Marie et Joseph avec l'enfant couché dans une mangeoire.

Ils se recueillirent et s'en allèrent pour répandre la nouvelle.

Après la naissance de Jésus, des mages venus d'Orient arrivèrent à Jérusalem et demandèrent :

" Où est le nouveau roi des Juifs qui vient de naître ?

Nous avons vu son étoile et nous venons l'adorer."

Le roi Hérode, inquiet pour son pouvoir, fit venir les mages et leur dit : "Allez à Bethléem, cherchez l'enfant, trouvez-le, puis prévenez-moi pour que j'aille à mon tour l'adorer."

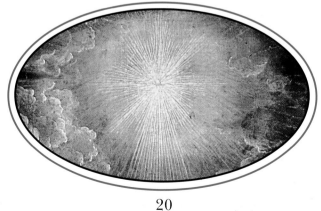

Les mages partirent à la poursuite de l'étoile.

Elle s'arrêta au-dessus du lieu où se trouvait l'enfant.

Le cœur rempli de joie, les mages entrèrent et virent

le nouveau-né avec Marie, sa mère.

Ils s'inclinèrent et déposèrent leurs offrandes :

de l'or, de l'encens et de la myrrhe. Une nuit, dans un rêve,

ils comprirent qu'il était dangereux de retourner

chez le roi Hérode. Ils rentrèrent chez eux par un autre chemin.

Quelque temps plus tard, l'ange du Seigneur apparut

à Joseph dans son sommeil et lui dit :

" Lève-toi, prends l'enfant et sa mère et gagnez l'Égypte.

Restez-y jusqu'à ce que je t'appelle, car Hérode

cherchera l'enfant pour le supprimer." Joseph se leva,

réveilla l'enfant et sa mère et tous trois partirent

en pleine nuit pour l'Égypte.

Index

Les illustrations sont des détails des tableaux suivants :

Couverture

L'Adoration des Mages
École de Fra Angelico
(environ 1450)
Le roi mage s'agenouille pour
baiser le pied de l'Enfant
et remet son cadeau à Joseph.

Couverture
(4ᵉ page et volets intérieurs)
Le Chœur des anges
Simon Marmion
(en activité à partir de 1449 -
mort en 1489)
Marmion a travaillé en France et
en Flandre. Il a peint des panneaux
d'autel. Il était aussi miniaturiste
et enlumineur de manuscrits, ce
qui explique la finesse de son trait.

Pages de garde

L'Annonciation (panneau d'autel)
École de Fra Angelico (vers
1450)
L'Annonciation, un des plus
importants épisodes de la vie de la
Vierge, était souvent représentée
sur les panneaux d'autel.

Page de faux titre

La Vierge et l'Enfant
en compagnie de quatre saints
Francesco Bonsignori
(vers 1455-1519)
Bonsignori a travaillé à Vérone
et à Mantoue. Ce tableau est inspiré
d'une gravure de l'artiste italien
Mantegna (1430-1506).

Page 6 (en face de la page de titre)
L'Annonciation avec saint Emidius
Carlo Crivelli
(seconde moitié du XVᵉ siècle)
Ce peintre vénitien vivait à Ascoli.
Son tableau représente Emidius,
saint patron d'Ascoli, portant une
maquette de la ville. Il accompagne
l'ange Gabriel qui se rend chez la
Vierge.

Page 7 (page de titre)
L'Annonciation
Fra Filippo Lippi
(vers 1406-1469)
Moine à Florence, Lippi
a probablement peint ce panneau
pour la famille des Médicis
qui régnait sur cette ville.
Sa forme laisse supposer qu'il
a été réalisé pour décorer une
chambre à coucher.

Page 11
L'Annonciation
Fra Filippo Lippi
Voir légende pour la page 7.

Page 13
La Vierge et l'Enfant dans un paysage
École flamande
(début du XVIe siècle)
Les tableaux ronds furent moins
nombreux aux Pays-Bas qu'en Italie.
La ville que l'on aperçoit au loin
est sans doute Bruges.

Page 8
L'Annonciation
avec saint Emidius
Voir légende pour la page 6.

Page 9
L'Annonciation (panneau d'autel)
École de Fra Angelico.
Voir légende pour les pages de garde.

Page 14
Nativité mystique
Sandro Botticelli
(1445-1510)
Cette représentation non
conventionnelle signée Botticelli
présente la Vierge plus grande que
les autres personnages. Les anges
annoncent la venue du Christ et
l'avènement de la paix sur terre,
tandis que les démons s'enfuient.

Page 12
L'Adoration des Mages
Giorgione
(né vers 1477, en activité à
partir de 1506 - mort en1510)
L'artiste est né à Castelfranco.
Il était célèbre en son temps.
Aujourd'hui, on sait peu de choses
sur sa vie. Ses peintures aux
couleurs douces sont lumineuses et
pleines de rêve.

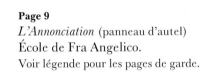

Page 15

La Nativité la nuit

Attribué à Gérard de Saint Jean
(Geertgen tot Sint Jans)
(seconde moitié du XVᵉ siècle)

La façon dont la lumière est traitée
est exceptionnelle pour l'époque.
Ici elle émane à la fois de l'Enfant
et de l'ange qui se trouve au second
plan. C'est ce dernier qui éclaire
le berger et les animaux dehors.

Page 17

L'Adoration des Mages

Jan Gossaert
(en activité à partir de 1503 -
mort en1532)

Ce peintre néerlandais était très
influencé par la peinture italienne.
Au fond de la toile, la lumière
s'éclaire alors que les anges
deviennent plus petits, ce qui crée
une impression de distance.

Pages 18 et 19

L'Adoration des bergers

Guido Reni
(1575-1642)

Ce peintre né à Bologne a travaillé
dans toute l'Italie. Son art est plein
de grâce et de délicatesse. Guido
Reni s'est probablement fait aider
par d'autres peintres pour exécuter
ce tableau large de 3 mètres et haut
de 4 mètres.

Page 20

L'Adoration des Mages

Jan Gossaert
Voir légende pour la page 17.

Page 21

L'Adoration des Mages (panneau
d'autel)

Vincenzo Foppa
(1427 - 1515/1516)

Ce peintre qui fut le plus connu
au Nord de l'Italie, a beaucoup
travaillé la perspective
"atmosphérique". Il créait l'illusion
de distance en utilisant des tons
pâles dans le lointain.

Page 22

L'Adoration des Mages
Gerard David
(en activité depuis 1484 - mort
en 1523)
Installé à Bruges, David a été le
dernier des grands primitifs
de cette ville. Son œuvre est
caractérisée par des couleurs riches
et des détails minutieux.

Page 23

L'Adoration des Mages
Vicenzo Foppa
Voir légende pour la page 21

Page 24

La fuite en Égypte
Peintre inconnu, 1518
Panneau d'autel en bois peint
par un artiste d'Anvers. Certains
de ces panneaux avaient des
parties mobiles qui se refermaient
sur la scène principale.

Page 25

Repos pendant la fuite en Égypte
Pierre Patel
(vers1606-1676)
Patel, qui est probablement né dans
le Nord de la France, a été influencé
par les paysages classiques de
Claude Le Lorrain. Ici, la Sainte
Famille se repose au pied de ruines
abandonnées. Derrière elle, on
aperçoit à travers les arbres le
paysage qui s'étend jusqu'à la mer.

Édition originale publiée en Grande-Bretagne en 1992
par Frances Lincoln Limited, Londres.
© Textes et illustrations : Frances Lincoln
Illustrations © National Gallery, Londres, 1992
© Édition française : Centurion, 1993
22, cours Albert-Ier, 75008 Paris
ISBN 2.227.61080.8

Dépôt légal : septembre 1993
Loi 49956 du 16 juillet 1949 sur les publications
destinées à la jeunesse.

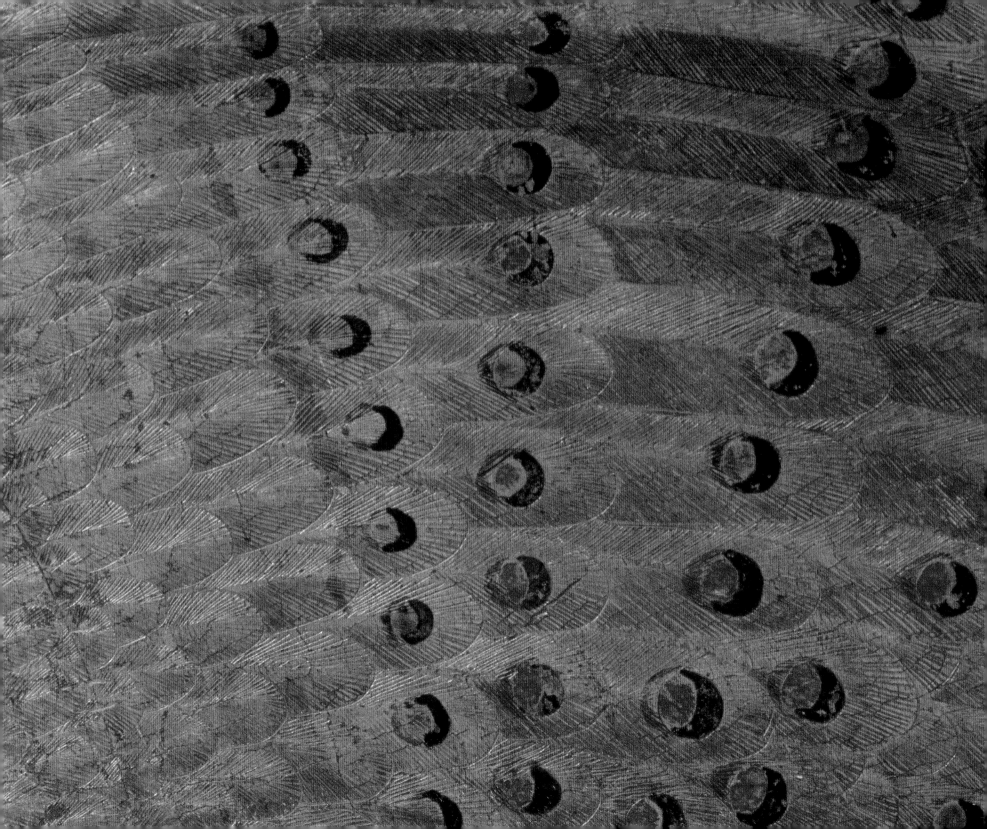